AF723317

Dieses Buch gehört:

WAS IST WAS Erstes LESEN

Christina Braun

Greifvögel

TESSLOFF

Hallo!

Ich bin Sascha, der Seeadler.
Wusstest du, dass ich der
größte Greifvogel in ganz Europa bin?
Du findest mich in der Nähe von großen Seen
oder an der Meeresküste. Mein Cousin,
der Steinadler, lebt lieber in den Bergen.
Auch sonst habe ich viele tolle Verwandte.
Greifvögel gibt es nämlich auf der ganzen Welt.
Bist du bereit für eine kleine Reise
in die luftigen Höhen?
Dann komm doch mit und
flieg mit mir durch
meine Welt.

Inhalt

Was sind Greifvögel?

Die Herrscher am Himmel

Fast lautlos gleiten Greifvögel
auf der Suche nach Nahrung durch die Luft.
Zu ihnen gehören Adler, Bussarde,
Habichte, Milane und viele andere.

Greifvögel sind Fleischfresser.
Sie jagen ihre Beute im Flug.
Mit ihren kräftigen Füßen
greifen sie die Beutetiere.
Dann töten sie sie
mit ihren spitzen Krallen.

Greifvögel haben scharfe Krallen.

Am Tag auf der Jagd

Vielleicht hast du schon einmal einen Mäusebussard in der Nähe einer Straße oder eines Feldes gesehen. Oder sogar einen mächtigen Adler, der am Himmel seine Kreise zieht. Greifvögel kannst du prima beobachten, denn sie gehen tagsüber auf die Jagd.

Mäusebussard

Steinadler

Nicht verwandt

Falken und Eulen zählen eigentlich nicht zu den Greifvögeln. Sie sind ihnen aber recht ähnlich. Sie haben den gleichen Lebensraum und jagen die gleichen Beutetiere.

Der Körperbau der Greifvögel

Ein kräftiger Körper, starke Flügel und scharfe Krallen: Daran kannst du Greifvögel sofort erkennen. Für die Jagd aus der Luft sind sie perfekt ausgerüstet.

Der **Schwanz** ist sehr wichtig. Die Greifvögel brauchen ihn zum Gleiten, Lenken und Bremsen.

Alle Greifvögel haben am **Fuß** vier Zehen mit kräftigen **Krallen**. Damit fangen sie ihre Beute und halten sie fest.

Wenn Greifvögel ihre **Flügel** ausbreiten, kann man ihre Spannweite sehen. So heißt der Abstand zwischen den beiden Flügelspitzen. Viele Greifvögel haben eine sehr große Spannweite. So können sie gut in der Luft segeln.

Die **Augen** der Greifvögel können nach vorn und zur Seite schauen. So haben sie ihre Beute gut im Blick. Greifvögel können eine zusätzliche Haut über ihre Augen ziehen: die Nickhaut. Sie putzt das Auge und hält es feucht. Die Nickhaut ist durchsichtig.

Greifvögel haben einen gebogenen **Schnabel**. Er ist kräftig und sehr spitz. Für die Vögel ist der Schnabel ein wichtiges Werkzeug. Sie zerteilen damit ihre Beute.

Die **Beine** sind meist kurz und kräftig. Die **Füße** nennt man auch Fänge.

Greifvögel können weit
in die Luft aufsteigen.
Hoch über dem Land
ziehen sie ihre Kreise.

Starke Muskeln

Alle Greifvögel haben
sehr starke Muskeln in der Brust.
Damit bewegen sie die Flügel
kraftvoll auf und ab.

Auch der Knochen in der Brust,
das Brustbein, ist sehr breit.
So haben die Muskeln genug Halt.
Das kannst du am Skelett
eines Vogels gut erkennen.

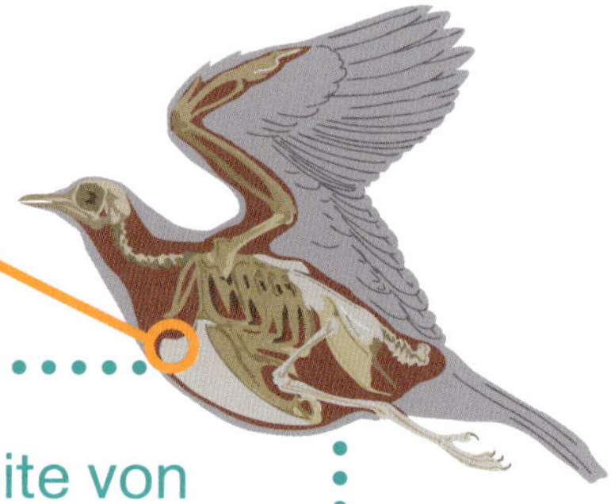

Hast du gewusst ...

... dass ein Mensch eine Spannweite von
sechs bis sieben Metern haben müsste,
damit er wie ein Vogel fliegen könnte?
Das haben Forscher ausgerechnet.

Knochen mit Luft

Je leichter ein Vogel ist,
desto weniger anstrengend
ist das Fliegen für ihn.

Vögel haben Luftpolster
in ihren Knochen.
So ist das Skelett besonders leicht,
aber auch sehr stabil.

Hier siehst du die Luftkammern im Vogelknochen.

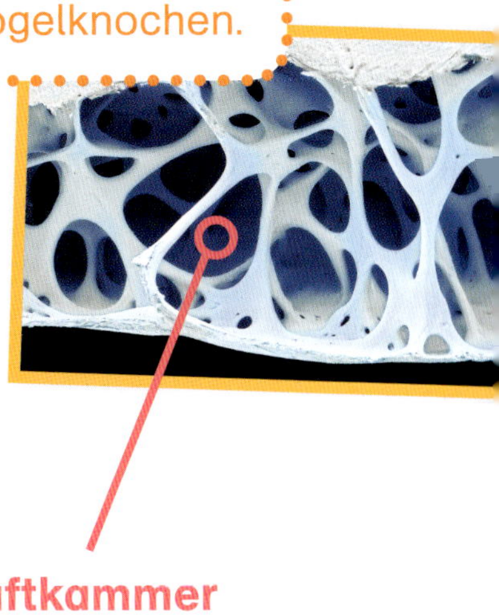

Die Federn liegen
etwas übereinander.
Sie sind durch kleine Haken
miteinander verbunden.
So bilden sie ein dichtes Segel,
fast wie bei einem Drachenflieger.

Die Federn des Bussards liegen dicht übereinander.

Selbst von hoch oben
sehen Greifvögel
ihre Beute am Boden.

Scharfer Blick

Greifvögel sehen viel besser als wir:
etwa doppelt bis achtmal so gut.
Ein Bussard kann eine Maus
aus 100 Metern Entfernung erspähen.
Du könntest sie wahrscheinlich erst
aus 20 bis 30 Metern erkennen.

Die Augen der Greifvögel sind
im Vergleich zum Körper sehr groß.
Ein Mäusebussard hat etwa
so große Augen wie du,
obwohl er viel kleiner ist.

Auch Weihen benutzen
ihre guten Ohren
bei der Jagd.

Gute Ohren

Genau wie bei uns
liegen die Ohren der Vögel
an der Seite des Kopfes.
Vögel haben aber keine Ohrmuscheln,
sondern nur kleine Ohrschlitze.
Man kann sie nicht sehen,
weil sie von Federn bedeckt sind.

Eulen können besonders gut hören.
Wenn es dunkel wird, gehen sie auf die Jagd.
Jetzt helfen ihnen ihre feinen Ohren.
Selbst das leise Rascheln einer Maus
entgeht ihnen nicht.

In der Nacht ist
der Uhu unterwegs.
Auch im Dunkeln
entgeht ihm nichts.

Wer frisst hier wen?

Hast du schon einmal den Begriff „Nahrungskette“ gehört? Er sagt aus, wer wen in der Natur frisst. Oder wer von wem gefressen wird.

Greifvögel stehen am oberen Ende der Nahrungskette. Das bedeutet, dass sie wenig Feinde haben und selbst immer genug zu fressen finden. Nur der Mensch kann ihnen gefährlich werden.

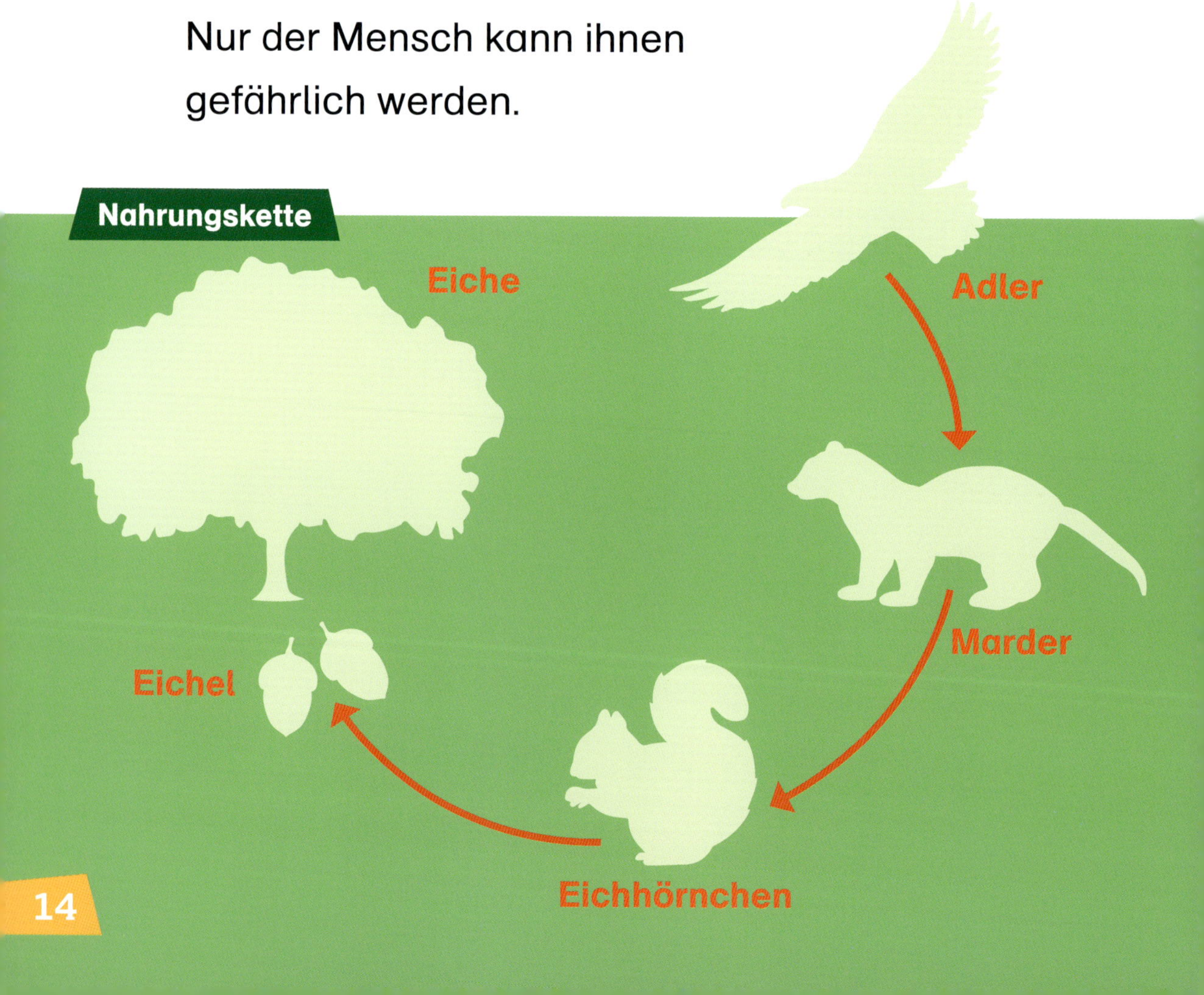

Mäuse, Hasen, Frösche und Vögel:
Sie alle stehen bei Greifvögeln
auf dem Speiseplan.

Raufußbussard

Im Gleichgewicht

In ihrem Revier sorgen Greifvögel dafür,
dass die Natur im Gleichgewicht bleibt.
Sie jagen zum Beispiel Wühlmäuse,
Kaninchen oder Tauben.
So können sich diese Tiere
nicht zu stark vermehren.
Sie würden sonst Wäldern, Wiesen
und anderen Lebensräumen schaden.

Außerdem erbeuten Greifvögel
kranke oder schwache Tiere.
Denn die sind leichter zu fangen.
Manche fressen auch tote Tiere.
So halten sie ihren Lebensraum sauber
und werden dabei auch noch satt.

Echt genial!

Schneller, höher, länger:
Diese Vögel können erstaunliche Dinge.
Damit halten sie Vogel-Weltrekorde!

Der **Wanderfalke** ist der schnellste Vogel von allen. Im Sturzflug schafft er über 300 Kilometer pro Stunde. Er hat auch die schärfsten Augen. Selbst aus drei Kilometern Entfernung kann er seine Beute noch locker orten.

Der **afrikanische Sperbergeier** fliegt bis zu elf Kilometer hoch. Das ist so hoch wie ein Flugzeug und absoluter Vogel-Rekord.

Der **Andenkondor** aus Südamerika ist der Meister im Segelflug. Bis zu fünf Stunden kann er in der Luft bleiben. Ohne dabei mit den Flügeln zu schlagen!

Saschas Lesequiz

1 Wann gehen Greifvögel auf die Jagd?

a) Sie jagen tagsüber.

b) Sie jagen in der Nacht.

c) Sie jagen, wenn sie Lust haben.

2 Wie heißen die Füße der Greifvögel?

a) Sie heißen Greifer.

b) Sie heißen Fänge.

c) Sie heißen Krallen.

3 Warum sind die Knochen von Vögeln so leicht?

a) Sie sind sehr dünn und brechen schnell.

b) Sie bestehen aus Haut.

c) Sie haben innen Luftkammern.

Lösung: 1a), 2b), 3c)

Adler, Bussard und Co

Der König der Lüfte:
Ein Steinadler segelt
über den Bergen.

Könige der Greifvögel

Die **Adler** nennen wir auch
die Könige der Lüfte.
Mit ausgebreiteten Schwingen
segeln sie hoch über dem Land.
Große Tiere können eine Spannweite
von bis zu 2,60 Meter erreichen.
Adler findet man fast
auf der ganzen Welt.

Der **Steinadler** lebt im Gebirge,
zum Beispiel in den Alpen.
Dort jagt er Hasen, Kaninchen
oder Murmeltiere.
Er schreckt auch nicht vor
deutlich größeren Tieren zurück,
wie jungen Gämsen oder Steinböcken.

Erfolg bei der Jagd:
Der Seeadler hat
einen Fisch erbeutet.

Es gibt Fisch!

Der **Seeadler** ist der größte Adler bei uns in Europa.
Du findest ihn an großen Seen und an den Meeresküsten.
Er jagt sehr gern Fische.
Aber auch Vögel und kleine Säugetiere stehen auf seinem Speiseplan.

Mit den Fängen voran:
Der Fischadler
stürzt sich ins Wasser.

Der **Fischadler** frisst fast nichts anderes als Fisch.
Im Sturzflug taucht er bis zu einen Meter tief ins Wasser ein.
Unter den Zehen hat er raue Schuppen.
Damit kann ihm der glitschige Fisch nicht so leicht entwischen.

Jäger von hoch oben

Bussarde sieht man oft auf Feldern, Wiesen und in anderen offenen Landschaften.

Achtung! Angriff von oben!

Der Bussard lässt sich seine Beute schmecken.

Von allen Greifvögeln kommt der **Mäusebussard** bei uns am häufigsten vor.

Der Name verrät es dir schon: Seine Lieblingsspeise sind Mäuse. Er mag aber auch Eidechsen, Frösche, kleine Vögel oder Insekten. Hat er eine Maus am Boden erspäht, stürzt er sich waghalsig auf sie.

Wespenbussard

Bitte nicht stechen!

Der **Wespenbussard** gräbt die Nester von Wespen und Hummeln aus. Dann schnappt er sich die Waben und macht sich über die Larven her.

Am Kopf hat der Wespenbussard dichte, schuppenartige Federn. Sie schützen ihn, damit er nicht gestochen wird.

Weltweit gibt es etwa 30 verschiedene Bussard-Arten. Bei uns brüten nur der Mäusebussard und der Wespenbussard.

Der Raufußbussard kommt manchmal als Wintergast zu uns.

Raufußbussard

Geschickte Flieger

Der **Habicht** ist ein scheuer Waldvogel.
In den Ästen und Zweigen der Bäume
findet er viele Verstecke.
Sein Gefieder fällt hier nicht auf.
So ist er gut getarnt für die Jagd.

Habichte fressen meist andere Vögel
wie Drosseln, Tauben oder Krähen.
Es kann aber auch mal ein Kaninchen
oder Eichhörnchen dabei sein.

Die Vögel sind echte Flugkünstler.
Sie haben kurze, abgerundete Flügel.
Damit können sie geschickt
durch den dichten Wald fliegen.
Der lange Schwanz hilft beim Steuern.

Blitzschnell und geschickt:
Der Habicht fliegt rasant
an jedem Hindernis vorbei.

Wie Geschwister:
Sperber und Habicht
sehen sich sehr ähnlich.

Klein und wendig

Der **Sperber** ist mit dem Habicht verwandt.
Die beiden sehen sich sehr ähnlich.
Man könnte sagen, dass der Sperber
der kleine Bruder des Habichts ist.

Der Sperber kommt bei uns sehr häufig vor.
Er ist sogar der dritthäufigste Greifvogel
nach dem Mäusebussard
und dem Turmfalken.
Man sieht ihn jedoch nur selten.
Auch er versteckt sich gern im Wald.

Im Vergleich zum Habicht
hat der Sperber kürzere Flügel
und einen längeren Schwanz.
So ist er sogar noch wendiger.

Wir räumen auf!

Geier sind sehr nützliche Tiere.
Sie verhindern, dass sich Krankheiten
und Seuchen ausbreiten.
Denn sie fressen Aas, also tote Tiere,
und halten so die Natur sauber.

Geier haben eine besonders
starke Magensäure.
Sie tötet gefährliche Bakterien ab.
So werden die Tiere
von dem verwesenden Fleisch
selbst nicht krank.

Eigentlich leben Geier in Afrika,
Asien, Südamerika und Südeuropa.
Ab und zu kann man sie aber
auch bei uns beobachten.

Gänsegeier
sind große Vögel
mit einer riesigen
Spannweite.

Gänsegeier

Lange Hälse

Gänsegeier haben einen langen,
fast nackten Hals.
Er erinnert an einen Gänsehals.
Daher hat der Vogel seinen Namen.
Rund um den Hals sieht man
einen Kranz aus weißen Daunenfedern.

Bartgeier leben im Hochgebirge.
Sie fressen die Knochen toter Tiere.
Dafür kennen die Geier einen Trick:
Aus dem Flug lassen sie die Knochen
von oben auf die Felsen fallen.
Diese zerbrechen dabei
in mundgerechte Stücke.

Bartgeier

Der kleine Federbüschel
unter dem Schnabel
sieht aus wie ein Bart.

Der gegabelte Schwanz
des Rotmilans
ist im Flug gut zu sehen.

Rotmilan

Zeig mal deinen Schwanz!

Der bekannteste **Milan** ist der **Rotmilan**.
Er hat auffällige, rot gefärbte Federn.
Außerdem besitzt er einen langen,
gegabelten Schwanz.
Daran kann man ihn im Flug
sehr leicht erkennen.

Beim Fressen ist er nicht wählerisch.
Er jagt Vögel und kleine Säugetiere,
frisst aber auch Aas.

Der Rotmilan ist sehr selten.
Die meisten Tiere weltweit
leben tatsächlich in Deutschland.

Schlank und elegant

Zum Jagen brauchen **Weihen** weite, offene Landschaften. Sie fressen gern Vögel und kleine Säugetiere, aber auch Schlangen, Frösche und Eidechsen.

Weihen sind besondere Greifvögel. Sie brüten nämlich auf dem Boden. Ihre Nester verstecken sie in hohen Gräsern, im Schilf oder in Getreidefeldern.

Rohrweihe

Weihen sind schlanke Vögel mit langen, breiten Flügeln.

Greifvögel in aller Welt

Du kennst jetzt schon viele Greifvögel bei uns in Deutschland und Europa. Weltweit gibt es aber noch viel mehr von ihnen zu entdecken.

Die **Harpyie** lebt im Regenwald in Mittel- und Südamerika. Sie ist der stärkste Greifvogel der Welt. Bei Gefahr stellt sie ihre Kopffedern auf. Das soll Feinde abschrecken.

Den **Weißkopfseeadler** gibt es nur in Nordamerika. Er ist das Wappentier der USA. Man erkennt ihn sofort an seinem weißen Kopf und dem leuchtend gelben Schnabel.

Der **Sekretär** lebt in Afrika.
Auf den ersten Blick könnte man ihn für einen Storch halten.
Mit seinen langen Beinen ist er lieber auf dem Boden unterwegs.
Fliegen kann er aber trotzdem.

Die größte Weihe der Welt ist die **Sumpfweihe**.
Sie lebt in Australien und Neuseeland.
Sie kann eine Flügelspannweite von bis zu 1,50 Metern erreichen.
Dabei wiegt sie nur etwas mehr als eine Packung Mehl.

Der **Mönchsgeier** ist ein echtes Schwergewicht.
Hat er zu viel gefuttert, ist er manchmal sogar zu schwer zum Fliegen.
Dann muss er abwarten.
Oder sein Futter wieder hervorwürgen, damit er abheben kann.

Der **Gerfalke** hat gefiederte Beine.
Das ist ein großer Vorteil für ihn.
Er lebt nämlich in der Arktis.
Beim Sitzen hält er die Füße unter den Federn warm.

Falken töten ihre Beute mit dem Falkenzahn. Das ist ein kleiner Zacken an ihrem Schnabel.

Vorsicht vor dem Schnabel!

Falken gehören eigentlich
nicht zu den Greifvögeln.
Der Falke tötet seine Beute
nämlich nicht mit den Krallen,
sondern mit einem Biss.

Falken haben dafür einen Zacken am Schnabel,
den sogenannten Falkenzahn.
Damit können die Vögel ihre Beute
besonders schnell erlegen.

Hast du gewusst ...

... dass Falken näher
mit Papageien verwandt sind
als mit Greifvögeln?

Schnell wie ein Pfeil

Unser häufigster heimischer Falke
ist der kleine **Turmfalke**.
Er hat lange, spitze Flügel,
mit denen er pfeilschnell fliegen kann.
Oft sieht man ihn über Wiesen und Feldern.
Dort jagt er Mäuse und andere kleine Tiere.

Der **Wanderfalke** ist der größte
und schnellste Falke bei uns.
Auf der Jagd kreist er meist
hoch oben am Himmel.

Turmfalke

Wanderfalke

In der Falknerei

Hast du vielleicht schon einmal
eine Falknerei besucht?
Hier kann man Greifvögel
ganz aus der Nähe betrachten
und viel über ihr Verhalten lernen.
In einer Flugshow zeigen die Vögel dann,
wie elegant sie fliegen und jagen können.

Falkner Michael
und sein Seeadler
sind ein tolles Team.
Bei einer Flugshow
zeigt der prächtige Vogel,
was er alles kann.

Ilka Simm-Schönholz, Falkenhof Ravensberge

Gut gemacht! Bartkauz Ole landet geschickt auf der Hand von Falknerin Ilka.

Vorsicht, scharfe Krallen! Der Falkner-Handschuh schützt Hände und Arme bei der Arbeit.

Jagen mit Greifvögeln

In einer Falknerei werden Greifvögel für die Jagd auf Hasen, Fasane oder andere Tiere abgerichtet. Die Falkner und Falknerinnen machen dafür eine besondere Ausbildung. Sie lernen, was die Tiere brauchen und wie sie mit ihnen umgehen müssen. Das ist sehr wichtig, damit die Vögel artgerecht gehalten werden können.

Anders als Greifvögel sind Eulen im Dunkeln unterwegs.

Jäger in der Nacht

Auch **Eulen** sind eigentlich keine Greifvögel.
Denn Eulen jagen in der Nacht.
Dabei verlassen sie sich vor allem
auf ihre Ohren und ihre Augen.

Die Augen liegen in einem Kranz
aus steifen, kurzen Federn.
Das ist der Gesichtsschleier.
Wie eine kleine Satellitenschüssel
fängt der Schleier Geräusche auf
und leitet sie zum Ohr weiter.
Deshalb können Eulen
so gut hören.

Die Schleiereule hat einen sehr auffälligen Gesichtsschleier.

Der Uhu ruht sich tagsüber in einer Baumhöhle aus.

Mach mal Pause!

Am Tag legen Eulen eine Pause ein. Mit ihrem gemusterten Federkleid sind sie auf Ästen und in Baumhöhlen bestens getarnt.

Eulen schlucken ihre Nahrung, ohne zu kauen. So kommen auch Knochen, Federn oder Fell der Beute mit in den Magen.

Das ist alles schwer verdaulich. Deshalb würgen Eulen die Reste wieder hoch und spucken sie aus. Diese Klumpen nennt man Gewölle.

Für Forscher sind Gewölle sehr spannend. Was hat die Eule wohl gefressen?

Gewölle

Greifvögel am Himmel

Es ist gar nicht so leicht,
Greifvögel am Himmel zu unterscheiden.
Auch ihre Größe können wir von unten
oft nur schwer einschätzen.
Hier kannst du sehen,
wie die Vögel im Flug aussehen.

	Greifvogel	Spannweite
	**Seeadler**	2,40 Meter
	**Steinadler**	2,20 Meter
	**Rotmilan**	1,95 Meter
	**Mäusebussard**	1,30 Meter
	**Habicht**	1,20 Meter
	**Turmfalke**	60 Zentimeter

Saschas Lesequiz

1 Welcher ist der größte Adler in Europa?

a) Der Steinadler.

b) Der Seeadler.

c) Der Fischadler.

2 Was haben Eulen im Gesicht?

a) Einen Vorhang.

b) Einen Schal.

c) Einen Schleier.

3 Wo leben Sekretäre?

a) In Afrika.

b) In Amerika.

c) In Australien.

Lösung: 1b), 2c), 3a)

So leben die Greifvögel

In luftiger Höhe
zieht der Steinadler
sein Junges auf.

Ein Horst für den Nachwuchs

Im Frühjahr und Sommer
ist es für die Vögel Zeit zum Brüten.
Die Brutpaare kommen zurück
in ihre Brutreviere des letzten Jahres.
Haben sich ein Männchen
und ein Weibchen gefunden,
bleiben sie sich oft ein Leben lang treu.

Viele Greifvögel bauen ihre Nester
auf hohe Bäume oder Felsen.
Manche Vögel wie der Steinadler,
der Seeadler oder der Mäusebussard
nutzen jedes Jahr das gleiche Nest.
Sie bessern es nur aus
oder erweitern es.
Greifvögel-Nester
nennt man auch Horst.

Weißkopfseeadler

Einmal im Jahr

Die meisten Greifvögel brüten einmal im Jahr.
Adler legen meist zwei oder drei Eier.
Der Sperber kann bis zu sechs Eier
in seinem Nest haben.
Meistens brüten die Weibchen die Eier aus.
In dieser Zeit werden sie von den Männchen
mit Nahrung versorgt.

Sperber-Eier

Adler-Eier

Anders brüten

Falken und Eulen bauen
keine eigenen Nester.
Sie legen ihre Eier gern in
verlassene Nester von Krähen.
Eulen brüten auch
in Baumhöhlen.

Wann gibt's was zu essen?
Die kleinen Steinkäuze
schauen neugierig
aus ihrer Baumhöhle.

Die Jungen schlüpfen

Nach etwa 30 bis 45 Tagen
schlüpfen die Jungen aus den Eiern.
Ihren Eltern sehen sie aber nicht ähnlich.
Sie haben noch keine richtigen Federn,
sondern nur kurze, flauschige Daunen.
Die sind weich, halten aber nicht warm.
Deshalb müssen die Küken
von der Mutter gewärmt werden.
Der Vater geht in der Zwischenzeit
auf die Jagd und besorgt Futter.

Nesthocker

Woche für Woche wachsen die Kleinen heran.
Aus den Daunen werden richtige Federn.
Wenn die Jungen ihr neues Federkleid haben,
üben sie die ersten Flügelschläge im Nest.

Bald können die kleinen Greifvögel fliegen.
Dann lernen sie von den Eltern,
wie man auf die Jagd geht.

Die Jungen der Greifvögel
sind sogenannte Nesthocker.
Sie bleiben so lange im Nest der Eltern,
bis sie ausgewachsen sind.
Erst dann gehen sie selbst
auf Nahrungssuche.

Der junge Habicht
wird sein Nest
bald verlassen.
Der kleinere Vogel
hat noch etwas Zeit.

Angriff aus der Luft!
Was hat der Steinadler
wohl erspäht?

Jeder jagt anders

Bei der Jagd
verhalten sich Greifvögel
ganz unterschiedlich.

Steinadler kreisen hoch oben in der Luft.
Dabei beobachten sie ganz genau,
was unter ihnen geschieht.
Sobald sie ihre Beute erspäht haben,
geht es im Sturzflug
nach unten.

Hast du gewusst ...

... dass der Weißkopfseeadler
einen besonderen Trick beherrscht?
Er dreht sich im Flug auf den Rücken
und greift seine Beute von unten.

Beute machen

Beim Landen bremst der Adler ab, indem er seine Flügel ausbreitet. Gleichzeitig schnellen die kräftigen Fänge nach vorn. Schließlich wird die Beute mit den scharfen Krallen gepackt.

Genauso machen es auch Fischadler und Seeadler, wenn sie Fische aus dem Wasser holen.

Fischadler

Auf die Fische, fertig, los! Mit gestreckten Fängen sind die beiden Adler auf der Jagd.

Seeadler

Sperber

Im Wald haben
Sperber und Habicht
ihr Jagdrevier.

Habicht

Achtung, Angriff!

Sperber und Habichte sind Meister im Überraschungsangriff. Im Schutz der Bäume gehen sie in Deckung. So können sie die Umgebung bestens beobachten.

Nun müssen sie nur noch auf die richtige Beute warten. Manchmal kommt ihnen eine Taube oder Krähe zu nah. Blitzschnell verfolgen sie dann ihre Beute durch den Wald.

Alles im Blick!

Auch der Mäusebussard wartet geduldig, bis eine Maus oder ein Kaninchen vorbeikommt.

Er lauert auf einer sogenannten Warte. Von dort aus hat er alles im Blick. Die Warte kann ein Ast, ein Pfahl oder ein Zaun sein.

Oft sieht man den Bussard auch, wie er elegant in der Luft segelt. Dann kreist er über seinem Jagdrevier und jagt die Mäuse aus dem Flug.

Mäusebussard

In der Luft
ist der Milan
ein toller Akrobat.

Tolle Kunststücke

Der Milan kann ebenfalls
perfekt in der Luft segeln.
Das spart sehr viel Energie.
So legt er auf der Suche nach Nahrung
jeden Tag weite Strecken zurück.

Milane sind zwar
eher langsam unterwegs.
Dafür machen sie aber im Flug
die tollsten Kunststücke.
Ihren Schwanz benutzen sie dabei als Steuer.

Mit dem Wind

Viele Greifvögel können stundenlang durch die Luft segeln.
Sie nutzen die sogenannten Aufwinde.

Aufwinde entstehen, wenn warme Luft vor einem Berg oder einer Klippe nach oben steigt.
Das nennt man auch Thermik.

Mit der Thermik gelangen die Vögel immer höher hinauf.
So können sie weite Strecken segeln – und das fast ohne Anstrengung.

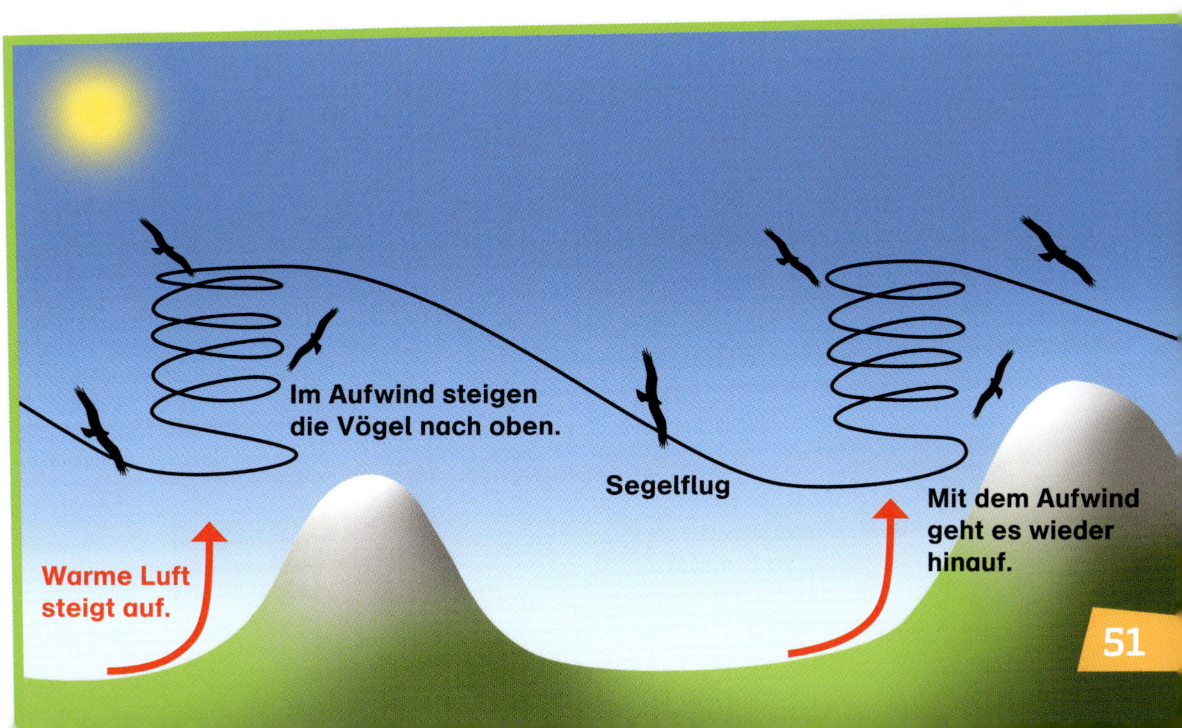

Federleicht

Kornweihe

Weihen machen sich erst
in der Dämmerung
auf die Suche nach Beute.

Wie die Eulen haben auch Weihen
einen Gesichtsschleier.
So hören die Vögel genau,
wo es etwas zu greifen gibt.

Weihen fliegen immer nah über dem Boden.
Sie heben ihre Flügel leicht v-förmig an.
Dabei schweben sie federleicht hin und her.
Man nennt das auch gaukeln.

Über dem Feld
sucht die Kornweihe
nach Nahrung.

Der Turmfalke rüttelt.
So nennt man seine
besondere Flugtechnik.

Rütteln im Flug

Der Turmfalke hat eine
ganz besondere Flugtechnik.
Er schlägt so schnell mit den Flügeln,
dass er in der Luft auf der Stelle steht.
Das nennt man Rüttelflug.

Beim Rütteln hat der Turmfalke
seine Beute genau im Blick.
Ist er bereit, eine Wühlmaus
oder einen Vogel zu fangen,
stürzt er sich
blitzschnell nach unten.

Hast du gewusst ...

... dass Eulen fast lautlos fliegen können?
Sie haben besondere Federn an ihren Flügeln.
Damit gleiten sie ganz leise durch die Nacht.

Die Zugvögel

Manche Greifvögel verbringen
nur den Sommer bei uns.
Sie brüten hier
und ziehen ihre Küken auf.
Im Herbst machen sie sich
auf den Weg in den Süden.
Dort finden sie den Winter über
genügend Nahrung.

Aber der Winter ist hier nicht mehr
so lang und kalt wie früher.
Deshalb bleiben viele Vögel
auch im Winter bei uns.

Schwarzmilan

Hast du gewusst ...

... dass viele Greifvögel die Thermik
für ihren Zug in den Süden nutzen?
Deshalb fliegen sie keine weiten
Strecken über Meere und Ozeane.
Die warmen Aufwinde entstehen
vor allem über dem Land.

Auf in den Süden!

Manche Zugvögel ziehen nur kurze Strecken bis nach Südeuropa. Andere legen noch weitere Wege zurück.

Der **Rotmilan** verbringt den Winter in Frankreich, Spanien oder Portugal.

Der **Schreiadler** fliegt von Europa aus in den Süden Afrikas.

Der **Wespenbussard** überwintert gern im afrikanischen Regenwald.

Auch der **Fischadler** ist ein Zugvogel und verbringt den Winter in Afrika.

Greifvögel in Gefahr!

Greifvögel stehen unter Naturschutz.
Sie dürfen nicht gefangen
oder getötet werden.
Leider verlieren trotzdem jedes Jahr
viele Greifvögel ihr Leben.
Vor allem auf ihrem Flug in den Süden
werden sie noch häufig gejagt.
Oder sie verunglücken auf der Reise.

In der Landwirtschaft sind Mäuse
und andere Nagetiere eine Plage.
Deshalb werden sie oft mit Gift bekämpft.
Frisst ein Greifvogel eine vergiftete Maus,
kann er auch selbst daran sterben.

Michael Schanze, Auffangstation Haunetal

Falkner Michael pflegt den verletzten Rotmilan wieder gesund.

Wenig Platz für große Vögel

Große Greifvögel wie die Adler
benötigen viel Platz zum Jagen.
Habichte, Sperber und Eulen brauchen
dichte Wälder zum Leben.
Aber unberührte Wälder und
natürliche Landschaften werden
leider immer seltener.
Der Lebensraum der Greifvögel
wird mehr und mehr zerstört.

Vor vielen Jahren waren Adler
bei uns schon fast ausgestorben.
Vogelschützern ist es zu verdanken,
dass hier wieder Steinadler,
Seeadler und Fischadler heimisch sind.

Sag mal, Sascha …

… es gibt ja wirklich sehr viele verschiedene Greifvögel!

Ja, das ist super, oder? Wir sehen uns zwar ähnlich, aber jeder von uns hat andere Vorlieben. Ich zum Beispiel würde im Herbst nie nach Afrika fliegen. Viel zu weit! Ich finde auch im Winter immer genug zu fressen und kann in meinem Revier bleiben.

Welchen Greifvogel findest du besonders interessant?

Ich habe, ehrlich gesagt, ein wenig Angst vor der Harpyie. Die ist unheimlich stark! Mit den aufgestellten Federn am Kopf kann sie einen ganz schön erschrecken!

Was würdest du dir für die Greifvögel wünschen?

Ich wünsche mir, dass ihr Menschen besser auf unseren Lebensraum aufpasst. Wir brauchen Platz zum Jagen und Brüten. Wenn immer mehr Häuser und Straßen gebaut werden, ist das schlecht für uns. Aber es gibt ja auch Vogelschützer, die sich um uns kümmern. Das ist toll!

Und was hast du heute noch vor?

Ich mache gleich mal einen kleinen Ausflug zum See. Ich habe nämlich ein wenig Hunger und Lust auf ein Picknick. Mal sehen, was ich heute noch so erwische!

Danke, Sascha!
Und guten Appetit!

Saschas großes Lesequiz

1 Welcher ist unser häufigster Greifvogel?

a) Der Mäusebussard.

b) Der Seeadler.

c) Der Sperber.

2 Wer kann den schnellsten Sturzflug?

a) Der Weißkopfseeadler.

b) Die Schleiereule.

c) Der Wanderfalke.

3 Wie heißt der stärkste Greifvogel der Welt?

a) Harpune

b) Harfe

c) Harpyie

Lösung: 1a), 2c), 3c)

4 Was machen Weihen im Flug?

a) Sie gackern.

b) Sie gaukeln.

c) Sie schaukeln.

5 Wie jagen Habichte und Sperber?

a) Versteckt im Wald.

b) Auf offener Wiese.

c) Über dem Meer.

6 Wie heißt das Nest der Greifvögel?

a) Es heißt Bau.

b) Es heißt Hort.

c) Es heißt Horst.

Lösung: 4b), 5a), 6c)

7 Wie heißt der Zacken am Schnabel der Falken?

a) Das ist der Falkenzacken.

b) Das ist der Falkenzahn.

c) Das ist der Falkenhaken.

8 Was sind Nesthocker?

a) So nennt man die Jungen der Greifvögel.

b) So heißen die Weibchen, wenn sie brüten.

c) So heißen die Nester der Geier.

9 Wie jagt der Mäusebussard?

a) Er lauert auf einer Warte.

b) Er wartet im Gebüsch.

c) Er läuft auf dem Boden herum.

Lösung: 7b), 8a), 9a)

10 **Wer frisst Knochen toter Tiere?**

a) Der Knochengeier.

b) Der Haargeier.

c) Der Bartgeier.

11 **Was kann der Fischadler?**

a) Er kann einen Meter tief tauchen.

b) Er kann zehn Fische auf einmal fangen.

c) Er kann rückwärts fliegen.

12 **Warum fliegen manche Vögel im Winter in den Süden?**

a) Sie möchten mal was anderes sehen.

b) Sie müssen vor anderen Vögeln fliehen.

c) Sie finden dort genug zu fressen.

Lösung: 10c), 11a), 12c)

WAS IST WAS
Erstes
LESEN
Wale und Delfine
TESSLOFF

WAS IST WAS
Erstes
LESEN
Planeten
TESSLOFF

WAS IST WAS
Erstes
LESEN
Vulkane
TESSLOFF

WAS IST WAS
Erstes
LESEN
Natur entdecken

WAS IST WAS
Erstes
LESEN
Bienen
TESSLOFF

WAS IST WAS
Erstes
LESEN
Wald
TESSLOFF

WAS IST WAS
Erstes
LESEN
Pferde und Ponys

WAS IST WAS
Erstes
LESEN
Wetter
TESSLOFF

WAS IST WAS
Erstes
LESEN
Polargebiete

WAS IST WAS
Erstes
LESEN
Unsere Erde
TESSLOFF

WAS IST WAS
Erstes
LESEN
Insekten
TESSLOFF

WAS IST WAS
Erstes
LESEN
Ozeane
TESSLOFF

WAS IST WAS
Erstes
LESEN
Dinosaurier
TESSLOFF
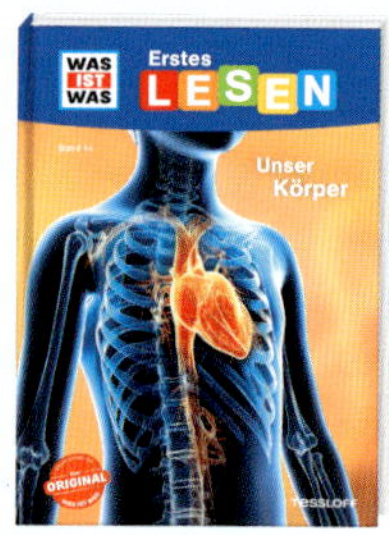
WAS IST WAS
Erstes
LESEN
Unser Körper
TESSLOFF

WAS IST WAS
Erstes
LESEN
Regenwald
TESSLOFF

WAS IST WAS
Erstes
LESEN
Haie
TESSLOFF

WAS IST WAS
Erstes
LESEN
Raubkatzen
TESSLOFF

WAS IST WAS
Erstes
LESEN
Greifvögel
TESSLOFF

WAS IST WAS
Erstes
LESEN
Ritter und Burgen
TESSLOFF

WAS IST WAS
Erstes
LESEN
Wölfe
TESSLOFF